Cómo conquistar audiencias: guía práctica [y fácil de aplicar] para producir contenidos en multiplataforma

PRESENTACIÓN

Bienvenido al universo del contenido digital, donde la innovación y la creatividad se encuentran con el vasto mar de audiencias ávidas de noticias. En un mundo donde la tecnología modifica constantemente las barreras de la comunicación, usted se enfrenta a una oportunidad sin precedentes: la capacidad de llegar, involucrar e influir en las personas a escala global. Es aquí donde este manual se convierte en tu aliado indispensable. **"Cómo conquistar audiencias: guía práctica [y fácil de aplicar] para producir contenidos en multiplataforma"** es más que un libro; es una brújula para los navegantes del vasto océano digital.

Usted, creador de contenido, comercializador o comunicador, está a punto de embarcarse en un viaje estratégico diseñado para maximizar su alcance y participación en un panorama de medios fragmentado. A través de las páginas de este libro, compartiré contigo mis conocimientos actualizados, sintetizando conocimientos esenciales y ofreciendo contribuciones que prometen facilitar tu viaje en este universo tan competitivo.

¿Listo para descubrir los secretos del desarrollo y distribución de contenido que resuene con el público en múltiples plataformas? Este manual es tu mapa del tesoro. Aquí encontrará estrategias prácticas, técnicas actualizadas y herramientas innovadoras, todas diseñadas para ayudarle a sobresalir en la comunicación digital. Desglosaremos los conceptos y ofreceremos soluciones que puede aplicar de inmediato, haciendo que su mensaje no sólo sea escuchado, sino sentido y apreciado por quienes realmente importan: su audiencia.

Desde la comprensión del concepto de multiplataforma hasta la exploración de tecnologías emergentes como la realidad virtual y aumentada, este libro cubre un espectro completo de temas esenciales para el éxito en la era digital. En cada capítulo, serás guiado a través de estrategias específicas, con ejemplos prácticos y consejos aplicables, enfocándote siempre en cómo puedes aplicar este conocimiento para lograr tus objetivos de comunicación.

Te invito a iniciar este viaje con nosotros, desarrollando cada capítulo como si fuera una nueva etapa en tu estrategia de contenidos. Y no se preocupe, cada segmento de este libro ha sido cuidadosamente diseñado para completarse por sí solo, manteniéndolo comprometido y ansioso por dar el siguiente paso. Al final de este viaje, no solo tendrá una comprensión integral de cómo llegar a audiencias a través de múltiples plataformas, sino también un conjunto de habilidades mejoradas, listas para poner en práctica.

Prepárese para sumergirse en el siguiente capítulo, donde exploraremos **"ENTENDIENDO EL CONCEPTO DE MULTIPLATAFORMA"**. Aquí, descubriremos los matices de un panorama mediático cada vez más complejo y cómo puede posicionarse estratégicamente para aprovechar al máximo las oportunidades que ofrece. ¿Estás listo para transformar la forma en que creas y compartes contenido? ¡Emprendamos este viaje juntos!

Tuyo sinceramente

Reginaldo Osnildo

ENTENDIENDO
EL CONCEPTO DE
MULTIPLATAFORMA

En este capítulo, profundizará en el corazón de la comunicación digital contemporánea: el panorama multiplataforma. En un mundo donde los límites entre lo online y lo offline son cada vez más borrosos, comprender cómo su mensaje puede viajar armoniosamente a través de diferentes medios es crucial para el éxito. Exploremos lo que significa ser multiplataforma y por qué adoptar un enfoque integrado es esencial para llegar a audiencias diversas.

LA ERA DE LA FRAGMENTACIÓN DE LOS MEDIOS

Lo primero que hay que entender es que vivimos en una era de fragmentación de los medios. Tus seguidores potenciales se encuentran repartidos en una amplia gama de plataformas: redes sociales, blogs, podcasts, vídeos en línea y más. Cada una de estas plataformas tiene sus propias características, idioma y, lo más importante, su propia audiencia. El desafío aquí es aprender a navegar por este complejo ecosistema, asegurando que su mensaje no solo llegue a cada segmento de su audiencia, sino que también resuene en él.

¿POR QUÉ MULTIPLATAFORMA?

Adoptar un enfoque multiplataforma significa más que simplemente estar presente en más de un lugar. Significa entender los matices de cada plataforma y adaptar tu mensaje para que encaje perfectamente en cada contexto, manteniendo al mismo tiempo una coherencia que fortalezca tu marca o mensaje central. Esto es crucial por varias razones:

- **Alcance extendido** : cada plataforma tiene su propio conjunto de usuarios únicos. Al diversificar su presencia, maximiza la cantidad total de personas que pueden estar expuestas a su contenido.

- **Compromiso profundo** : los diferentes tipos de contenido resuenan de diferentes maneras en cada plataforma. Adaptar su enfoque le permite crear conexiones más profundas con su audiencia.

- **Resiliencia digital** : Depender de una única plataforma es arriesgado. Las reglas del juego pueden cambiar rápidamente, afectando su alcance y visibilidad. Una estrategia multiplataforma garantiza una presencia más estable y controlable.

CÓMO ABORDAR ESTRATÉGICAMENTE

- **Conozca sus plataformas** : comience con una investigación detallada de las plataformas en las que su público objetivo pasa su tiempo. Cada uno tiene sus propias mejores prácticas, tipos de contenido preferidos y picos de participación.

- **Mensaje central, múltiples expresiones** : desarrolle un mensaje central fuerte y claro que será el corazón de su contenido en todas las plataformas. Luego adáptelo para que se ajuste a las características específicas de cada canal.

- **Crear contenido complementario** : Utiliza diferentes plataformas para ofrecer diferentes tipos de valor. Por ejemplo, si bien los videos se pueden usar para entretener y educar, las redes sociales se pueden usar para actualizaciones rápidas y participación directa.

- **Integración y coherencia** : asegúrese de que todas sus plataformas estén interconectadas lógicamente, permitiendo a los usuarios navegar fácilmente entre ellas. La coherencia visual y temática es esencial.

Ahora que comprende la importancia de adoptar un enfoque multiplataforma, es hora de comenzar a aplicar estos conceptos a su propio trabajo. En el próximo capítulo, "**DEFINIR TU PÚBLICO OBJETIVO**", nos sumergiremos en el arte de identificar y comprender audiencias diversas en plataformas específicas. Este paso es esencial antes de planificar su estrategia de contenidos, ya que saber a quién intenta llegar es la base de cualquier comunicación eficaz.

¿Listo para profundizar sus conocimientos y adaptar su estrategia para llegar e involucrar a su audiencia a través de múltiples canales? Emprendamos este viaje juntos, descubriendo cómo mapear su público objetivo y cómo esta comprensión puede transformar su enfoque del contenido. Únase a nosotros en el próximo capítulo para explorar este tema vital.

DEFINIR TU PÚBLICO OBJETIVO

El camino hacia la conquista del público en múltiples plataformas implica necesariamente una comprensión profunda de quiénes son las personas al otro lado de la pantalla. En este capítulo, aprenderá no sólo a identificar su público objetivo, sino también a comprender sus necesidades, deseos y comportamientos en diferentes plataformas. Esta es la clave para desarrollar contenido que realmente resuene con su audiencia e impulse una participación significativa.

¿QUÉ ES EL PÚBLICO OBJETIVO?

Público objetivo es un término que describe un grupo específico de personas al que se dirige su mensaje o contenido. Estas personas comparten características similares, como edad, ubicación geográfica, intereses, desafíos o comportamientos. Comprender estas características es crucial para dar forma a su comunicación de manera efectiva.

LA IMPORTANCIA DE DEFINIR TU AUDIENCIA

- **Orientación eficaz** : al conocer a su audiencia, puede crear contenido que hable directamente de sus intereses y necesidades.

- **Optimización de recursos** : Centrarte en una audiencia específica te permite optimizar tu tiempo y recursos, dirigiendo los esfuerzos donde realmente marcarán la diferencia.

– **Mayor participación** : es más probable que el contenido relevante y personalizado genere participación ya que resuena más profundamente en la audiencia.

- **Resultados mejorados** : la comunicación dirigida conduce a resultados más tangibles, ya sean ventas, registros, participación o cualquier otra métrica de éxito.

MÉTODOS PARA IDENTIFICAR A SU PÚBLICO OBJETIVO

- **Análisis demográfico** : Comienza definiendo las

características básicas de tu audiencia, como edad, género, ubicación y nivel educativo. Herramientas como Google Analytics y la información de las redes sociales pueden proporcionar esta información.

- Encuestas y cuestionarios : utilice cuestionarios en línea para recopilar información directamente de su audiencia. Las preguntas abiertas pueden revelar información sobre sus preferencias y comportamientos.

- Estudio del comportamiento online : observar cómo tu audiencia interactúa con diferentes tipos de contenido en las plataformas puede revelar mucho sobre lo que le gusta y lo que no le gusta.

- Segmentación psicográfica : además de las características demográficas, comprender la personalidad, los valores, las actitudes, los intereses y el estilo de vida de su audiencia es clave para crear mensajes que resuenen a un nivel más personal.

APLICANDO EL CONOCIMIENTO DE SU AUDIENCIA

Una vez que tenga una comprensión clara de quién es su público objetivo, es hora de aplicar ese conocimiento para desarrollar una estrategia de contenido eficaz. Esto incluye elegir las plataformas adecuadas para llegar a ellos, el tipo de contenido que les genera mayor valor y el lenguaje que mejor les habla al corazón y a la mente.

Ahora que sabes quién es tu audiencia y qué quieren, el siguiente paso es planificar cómo cumplir con estas expectativas de manera estratégica y coherente en todas las plataformas en las que están presentes. En el próximo capítulo, **"PLANIFICACIÓN ESTRATÉGICA DE CONTENIDOS"**, exploraremos cómo desarrollar un plan de contenido coherente que no solo cumpla, sino que supere las expectativas de su público objetivo, manteniendo su marca relevante y su mensaje resonante en medio de un panorama en constante evolución. digital.

Prepárese para sumergirse en los matices de la planificación de contenidos, un paso crucial que sirve como columna vertebral de cualquier estrategia de comunicación exitosa. Juntos, descubriremos cómo convertir su comprensión de su público objetivo en una estrategia de contenido ganadora que aproveche su éxito en múltiples plataformas. Continúe con nosotros en este viaje atractivo y transformador.

PLANIFICACIÓN ESTRATÉGICA DE CONTENIDOS

Después de definir con precisión su público objetivo, el siguiente paso es elaborar un plan de contenido estratégico que llegue a ellos de manera efectiva a través de múltiples plataformas. Este capítulo está dedicado a ayudarlo a desarrollar un plan de contenido integral y coherente capaz de atraer a su audiencia en cualquier medio. La clave del éxito es la coherencia, relevancia y adaptabilidad de su contenido.

LA FUNDACIÓN DE LA PLANIFICACIÓN ESTRATÉGICA DE CONTENIDOS

La planificación estratégica de contenidos comienza con una comprensión clara de sus objetivos. ¿Quieres aumentar el conocimiento de la marca? ¿Generar cables? ¿Establecer autoridad en su nicho? Establecer objetivos claros y mensurables es el primer paso para crear un plan que satisfaga sus necesidades y las de su audiencia.

CONOCIENDO LAS PLATAFORMAS

Cada plataforma tiene su propio conjunto de reglas, audiencia y tipos de contenido que funcionan mejor. Parte de la planificación estratégica es comprender estas diferencias y utilizar este conocimiento a su favor. No basta con replicar el mismo contenido en todos los canales; es necesario adaptarlo para cumplir con las expectativas específicas de cada plataforma, manteniendo una narrativa coherente.

PASOS PARA UNA PLANIFICACIÓN DE CONTENIDO EFICIENTE

- **Auditoría de contenido** : revise el contenido existente para comprender qué funciona y qué no e identificar lagunas.

- **Definición de temáticas y formatos** : En base a los intereses de tu público objetivo y las particularidades de cada plataforma, define temas centrales y los formatos de contenidos más adecuados.

- **Calendario editorial** : Crea un calendario de contenidos detallado, planificando qué se publicará, cuándo y dónde. Esto le ayuda a mantener la coherencia y aprovechar fechas importantes o eventos estacionales.

- **Producción y adaptación de contenidos** : Desarrolla contenidos que no solo informen y entretengan, sino que también estén alineados con tus objetivos. Recuerda adaptar el tono y formato del contenido para cada plataforma.

- **Distribución y promoción** : Planifica cómo distribuirás y promocionarás tu contenido. Incluya estrategias orgánicas y pagas para ampliar su alcance.

- **Mida y ajuste** : establezca métricas de éxito relevantes y realice un seguimiento del rendimiento de su contenido con regularidad. Esté preparado para ajustar su estrategia según sea necesario.

MANTENER LA COHERENCIA

En todas las plataformas, mantenga la coherencia con su marca y mensaje. Tu audiencia debe reconocer tu voz y tus valores sin importar dónde interactúen con tu contenido. Esta coherencia ayuda a generar confianza y fortalecer su presencia en línea.

Con un plan estratégico de contenidos en mano, el siguiente desafío es adaptar tu narrativa a diferentes formatos y plataformas sin perder su esencia. En el próximo capítulo, **"NARRATIVA ADAPTABLE"**, exploraremos técnicas para contar tu historia de manera efectiva, independientemente del medio. Aprenderemos cómo ajustar el tono, el estilo y el enfoque para captar la atención de su audiencia y mantenerla interesada, sin importar dónde se encuentre.

Esté preparado para sumergirse en el arte de la narración adaptativa, un componente crucial para cualquier creador de contenido que desee maximizar el impacto de su mensaje en un panorama digital diverso. Continúe con nosotros en este viaje estratégico para descubrir cómo hacer que sus historias no sólo sean escuchadas, sino vividas y recordadas por su audiencia.

NARRATIVA
ADAPTABLE

En el arte de ganar audiencias en un ecosistema de medios fragmentado, la capacidad de contar historias que cautiven y retengan la atención de la audiencia, independientemente de la plataforma, es más valiosa que nunca. Este capítulo está dedicado a explorar el concepto de narración adaptativa: el arte de dar forma a sus narrativas para que encajen perfectamente en los diversos canales de comunicación disponibles, manteniendo intacta su esencia.

EL CORAZÓN DE LA NARRACIÓN ADAPTABLE

En el centro de la narración adaptativa está la comprensión de que cada plataforma tiene su propio lenguaje, preferencias y expectativas. Una historia de Instagram bien contada, con énfasis en imágenes impactantes y texto breve, necesita un enfoque diferente cuando se traslada a un podcast, por ejemplo, donde prevalecen la narración auditiva y el desarrollo detallado.

ESTRATEGIAS PARA ADAPTAR TU NARRATIVA

- **Conoce la plataforma** : Comienza con un conocimiento profundo de las características de cada plataforma. Esto incluye el tipo de contenido que funciona mejor, el comportamiento típico de la audiencia y las herramientas disponibles para los creadores de contenido.

- **Mensaje central** : identifique el corazón de su historia: el mensaje central que desea transmitir. Este mensaje debe permanecer coherente independientemente de la forma que adopte la historia en las diferentes plataformas.

- **Adapta el empaque** : ajusta el "paquete" de tu historia (formato, estilo, tono) para adaptarlo al medio. Esto podría significar convertir una publicación de blog detallada en una serie de publicaciones de Twitter, un video de formato largo en un fragmento impactante para Instagram o una historia visual en un episodio atractivo para un podcast.

- **Participación interactiva** : utilice las características únicas de cada plataforma para hacer la historia más interactiva. Las encuestas en Instagram, los hilos de Twitter y las preguntas y respuestas en vivo en YouTube son ejemplos de cómo puede involucrar a su audiencia y lograr que participe activamente en la narrativa.

- **Coherencia visual y temática** : mantenga la coherencia visual y temática en todas las plataformas. Esto ayuda a fortalecer su marca y hace que sea más fácil de reconocer para su audiencia, independientemente de dónde consuman su contenido.

EJEMPLO PRÁCTICO

Imagine que quiere contar la historia de cómo su empresa de café sostenible impacta a las comunidades locales. En Instagram, compartes imágenes impactantes de plantaciones de café y videos cortos de agricultores, con subtítulos que resumen sus impactos positivos. En su blog publica un artículo detallado sobre el proceso de producción sostenible. En YouTube, un breve documental que muestra la vida cotidiana de las comunidades. Y por último, en LinkedIn, un artículo de opinión sobre la importancia de la sostenibilidad en el sector cafetalero. Cada contenido ofrece una visión única de la historia, adaptada al medio en el que se comparte.

Con estrategias de narración adaptativa a la mano, el siguiente paso es garantizar que su audiencia encuentre su contenido. En el próximo capítulo, "**MAXIMIZACIÓN DEL SEO**", profundizaremos en técnicas y estrategias para optimizar su contenido para los motores de búsqueda, garantizando que su mensaje no solo llegue sino que también atraiga a la audiencia adecuada en las plataformas adecuadas.

Prepárate para explorar el mundo del SEO y aprender cómo pequeños ajustes pueden significar grandes mejoras en la visibilidad de tu contenido. Juntos, nos aseguraremos de que sus historias no sólo sean contadas, sino también escuchadas y vistas por la mayor cantidad de personas posible. Continúa este viaje con nosotros y transforma tu contenido en una fuerza imparable en el universo digital.

MAXIMIZACIÓN DEL SEO

Ahora que sabe cómo adaptar sus historias para diferentes plataformas, asegurándose de que resuenen con su audiencia, el siguiente paso es asegurarse de que se encuentren esas historias. En este capítulo, exploraremos cómo maximizar la visibilidad de su contenido a través de técnicas de SEO (optimización de motores de búsqueda), centrándonos especialmente en el contenido web. El SEO es su puente para conectarse con quienes buscan activamente la información, las soluciones o la inspiración que usted puede ofrecer.

ENTENDIENDO EL SEO

SEO es el conjunto de prácticas diseñadas para mejorar la posición de un sitio web o página en la página de resultados de motores de búsqueda como Google. Esto es crucial ya que la mayoría de las experiencias en línea comienzan con una búsqueda. Estar bien posicionado en los resultados de búsqueda significa más visibilidad, más visitas a tu sitio web y, en consecuencia, mayor potencial de engagement y conversión.

ESTRATEGIAS CLAVE PARA MAXIMIZAR EL SEO

- **Investigación de palabras clave** : empieza por identificar las palabras clave que utiliza tu público objetivo para buscar contenido relacionado con el tuyo. Herramientas como Google Keyword Planner o SEMrush pueden ayudar. Incorpora estas palabras clave de forma natural en tus títulos, subtítulos y en todo el contenido.

- **Optimización en la página** : además de las palabras clave, asegúrese de que cada página de su sitio web esté optimizada para los motores de búsqueda. Esto incluye metatítulos y descripciones, URL fáciles de usar y el uso de etiquetas de encabezado (H1, H2, etc.) para estructurar claramente su contenido.

- **Contenido relevante y de calidad** : Los motores de búsqueda priorizan el contenido que sea útil e informativo para los usuarios. Asegúrese de que su contenido sea original, valioso y esté bien elaborado, y que aborde las necesidades y preguntas de su audiencia.

- **Experiencia de usuario** : La facilidad de navegación en el sitio web, la velocidad de carga de la página y la capacidad de respuesta para dispositivos móviles son factores que influyen en el ranking en los motores de búsqueda. Una buena experiencia de usuario es fundamental.

- **Construcción de enlaces** : construir una red de enlaces internos y obtener enlaces externos de sitios confiables puede aumentar la autoridad de su sitio en los motores de búsqueda. Esto incluye el uso de enlaces internos para conectar diferentes contenidos en su sitio web y buscar oportunidades de vínculos de retroceso de calidad.

- **SEO para vídeos e imágenes** : No olvides optimizar el contenido multimedia. Esto incluye el uso de títulos, descripciones y etiquetas relevantes para sus videos y garantizar que las imágenes tengan nombres de archivo descriptivos y texto alternativo para mejorar la accesibilidad y la indexación.

PONERLO EN PRÁCTICA

Implementar una estrategia de SEO eficaz requiere tiempo y dedicación, pero los beneficios a largo plazo son invaluables. Comience con pequeños ajustes y siga probando y aprendiendo para comprender qué funciona mejor para su contenido y audiencia.

Ahora que su contenido está optimizado para los motores de búsqueda, el siguiente paso es asegurarse de que brille en las redes sociales. En el próximo capítulo, "**UTILIZAR LAS REDES SOCIALES PARA SU VENTAJA**", exploraremos estrategias para optimizar su presencia en las plataformas de redes sociales e involucrar aún más a su audiencia. Las redes sociales son un complemento vital para el SEO y brindan otra vía poderosa para llegar a su audiencia e interactuar con ella.

Prepárese para sumergirse en las mejores prácticas de las redes sociales, aprender cómo cada plataforma puede cumplir con sus objetivos de contenido únicos y cómo puede aprovechar estos canales para ampliar su alcance y fortalecer su marca. Continúa este viaje con nosotros y descubre cómo transformar las redes sociales en poderosos aliados para difundir tu mensaje.

UTILIZAR LAS REDES SOCIALES PARA SU VENTAJA

A medida que navegamos en la era digital, las redes sociales se han convertido en un terreno fértil para cultivar conexiones, atraer audiencias y ampliar el alcance de su contenido. En este capítulo, exploraremos cómo puede optimizar su presencia en las redes sociales, convirtiéndolas en poderosos vehículos de comunicación para su marca o mensaje.

EL ARTE DE PARTICIPAR EN LAS REDES SOCIALES

Atraer al público en las redes sociales va más allá de simplemente publicar contenido. Implica crear conexiones genuinas, fomentar comunidades y proporcionar valor de manera constante. Aquí hay algunas estrategias para elevar su presencia en las redes sociales:

- **Conozca a su audiencia** : utilice los datos demográficos y de participación disponibles en las herramientas de análisis de redes sociales para comprender quién es su audiencia, qué valoran y cómo prefieren interactuar.

- **Contenido adaptado y auténtico** : Cada plataforma tiene su propio conjunto de estándares y expectativas. Adapta tu contenido a cada uno de ellos, manteniendo su autenticidad. Lo que funciona en Instagram puede no funcionar en LinkedIn y viceversa.

- **Interactividad y diálogo** : Fomentar la interacción a través de preguntas, encuestas y llamadas a la acción. Responder a los comentarios y mensajes de manera oportuna para fomentar un sentido de comunidad.

- **Coherencia y frecuencia** : Establece un cronograma de publicación consistente, pero evita sacrificar calidad por cantidad. La coherencia ayuda a generar expectativas en su audiencia, mientras que la calidad garantiza que se mantengan comprometidos.

- **Utilice elementos visuales atractivos** : las redes sociales son muy visuales. Utilice imágenes, vídeos y gráficos de alta calidad para captar la atención y transmitir su mensaje de forma eficaz.

- Historias y momentos reales : las funciones de Historias en plataformas como Instagram y Facebook ofrecen una gran oportunidad para compartir momentos cotidianos, detrás de escena y contenido por tiempo limitado que puede aumentar la intimidad con su audiencia.

- Monitoreo y análisis : Utilice herramientas de análisis para monitorear el desempeño de su contenido, ajustando sus estrategias según sea necesario. Comprender lo que resuena en su audiencia le permite mejorar continuamente su enfoque.

APROVECHANDO PLATAFORMAS ESPECÍFICAS

- Instagram : Excelente para contenido visual y narración a través de imágenes, videos cortos e historias. Ideal para marcas con un fuerte componente estético o productos visuales.

- Facebook : ideal para comunidades, compartir eventos y contenido que fomente la participación y los debates.

- Twitter : Ideal para actualizaciones rápidas, diálogo con la audiencia y participación en tendencias y conversaciones actuales.

– LinkedIn : ideal para contenido profesional, artículos de liderazgo intelectual y networking.

RETOS Y OPORTUNIDADES

Las redes sociales son entornos dinámicos, sujetos a constantes cambios de algoritmos y tendencias. Mantenerse actualizado con estos cambios y adaptar su estrategia en consecuencia es crucial para mantener su contenido relevante y atractivo.

Equipado con estrategias para maximizar su presencia en las redes sociales, el próximo capítulo lo guiará a través del mundo de la

"PRODUCCIÓN DE CONTENIDOS DE VIDEO". Los videos son una de las formas más efectivas de captar la atención de la audiencia en las redes sociales y más allá. Exploremos cómo crear videos atractivos que se puedan compartir en múltiples plataformas, aumentando su alcance y participación.

Prepárese para desbloquear el potencial de los videos en su estrategia de contenido aprendiendo las mejores prácticas y consejos para producir contenido visual que no solo informe y entretenga, sino que también inspire y conecte. Únase a nosotros en este viaje para transformar sus ideas en videos impactantes que capturen la esencia de su mensaje y amplíen su alcance digital.

PRODUCCIÓN DE CONTENIDOS DE VIDEO

A medida que avanzamos en este viaje digital, resulta cada vez más claro que el contenido de vídeo es una de las herramientas más poderosas para captar la atención y atraer al público. Ya sea en redes sociales, sitios web o plataformas de streaming, los vídeos ofrecen una forma dinámica e inmersiva de contar historias. En este capítulo, exploraremos cómo crear videos atractivos que se puedan compartir en múltiples plataformas, ampliando su alcance y reforzando su mensaje.

¿POR QUÉ VÍDEOS?

Los vídeos tienen el poder de transmitir emociones, compartir información compleja de forma comprensible y crear conexiones profundas con el espectador. También se pueden compartir fácilmente, lo que los hace perfectos para aumentar el alcance de su contenido. Con el creciente consumo de vídeos online, ignorar este formato podría significar perder una valiosa oportunidad de atraer a su audiencia.

PLANIFICACIÓN Y ESTRATEGIA

Antes de comenzar a producir contenido de vídeo, es importante definir claramente tus objetivos. Pregúntate: ¿qué quieres lograr con tus videos? ¿Aumentar el conocimiento de la marca? ¿Educar a tu audiencia? ¿Generar ventas? La respuesta guiará estrategia de contenidos, ayudando a definir la temática, tono y estilo de tus vídeos. Una vez que los objetivos estén claros, siga estos pasos para una planificación eficaz:

- **Defina su público objetivo** : comprender quién es su público es crucial para determinar el estilo de vídeo que más les resonará. Esto influye en todo, desde el lenguaje utilizado hasta los temas tratados.

- **Elija el tipo de video** : hay varios formatos de video que puede explorar: tutoriales, testimonios, historias detrás de escena, seminarios web y más. La elección depende de su objetivo y de lo que más atraiga a su audiencia.

- Guiones y guiones gráficos : planificar su contenido a través de guiones y guiones gráficos puede ayudar a organizar sus ideas y garantizar que el mensaje se transmita de forma clara y eficiente.

- Equipo y producción : No necesitas el equipo más caro para crear vídeos de calidad. Muchos smartphones actuales cuentan con cámaras capaces de filmar en alta definición. Sin embargo, invertir en un buen micrófono puede mejorar significativamente la calidad de tu vídeo.

- Edición : La edición es donde ocurre la magia. Utilice software de edición para cortar, agregar transiciones, efectos, texto y música, transformando grabaciones sin procesar en contenido atractivo y profesional.

- Optimización para diferentes plataformas : asegúrese de que sus videos estén optimizados para cada plataforma. Esto puede significar ajustar formatos, duraciones e incluso llamados a la acción, según las particularidades de cada canal.

CONSEJOS PARA VIDEOS ATRACTIVOS

- Sea breve y directo : la capacidad de atención de la audiencia en línea es limitada. Los videos cortos y directos tienden a funcionar mejor, especialmente en las redes sociales.

- Invierta en calidad de audio : un vídeo con mal audio puede desanimar a los espectadores. Invertir en un buen micrófono es fundamental para mantener la calidad.

- Incluir subtítulos : Mucha gente ve vídeos en público, con el sonido apagado. Los subtítulos no sólo hacen que su contenido sea accesible para todos, sino que también aumentan las posibilidades de retención de mensajes.

- Aprovecha bien el primer segundo : Capta la atención del espectador desde el principio. Utilice los primeros segundos para despertar la curiosidad o presentar el valor que ofrecerá su vídeo.

Ahora que está equipado con las mejores prácticas para crear contenido de video, es hora de explorar otro elemento visual crucial en la comunicación digital: la fotografía. En el próximo capítulo, **"FOTOGRAFÍA E IMÁGENES DE IMPACTO"**, descubriremos cómo las imágenes poderosas pueden complementar su contenido de video y texto, ayudando a captar la atención de su audiencia y transmitir su mensaje de manera efectiva.

Prepárese para sumergirse en el mundo de la fotografía, donde una imagen puede valer más que mil palabras, abriendo nuevas puertas para la participación y ampliando su alcance digital. Continúe con nosotros en este viaje atractivo y transformador, donde cada capítulo lo acerca aún más al éxito en el universo digital.

FOTOGRAFÍA E IMÁGENES DE IMPACTO

En un mundo cada vez más visual, la fotografía y las imágenes se han convertido en herramientas indispensables en el arte de contar historias y atraer al público. Este capítulo explora cómo puede utilizar imágenes impactantes para complementar su contenido, captar la atención de su audiencia y transmitir mensajes poderosos sin necesidad de muchas palabras.

EL PODER DE LA IMAGEN

Una imagen impactante puede evocar emociones, contar una historia completa o resaltar un punto clave con una sola mirada. En las plataformas digitales, donde la competencia por la atención de los usuarios es intensa, las imágenes no sólo ayudan a romper la monotonía del texto, sino que también aumentan significativamente la participación y la retención de información.

SELECCIÓN DE LA IMAGEN CORRECTA

- **Relevancia** : La imagen debe estar alineada con el contenido. Debe reforzar el mensaje que desea transmitir, no distraerlo ni confundirlo.

- -**Calidad** : elija imágenes de alta calidad. Las imágenes pixeladas o de baja resolución pueden restar valor a la profesionalidad percibida de su marca o contenido.

Originalidad : Siempre que sea posible, utilice imágenes originales. Las fotografías únicas pueden ayudar a que su contenido se destaque en un mar de repeticiones.

- **Emoción** : Las imágenes que evocan emoción suelen tener un mayor impacto. Piensa en el sentimiento que quieres evocar en tu audiencia y selecciona imágenes que lo reflejen.

CONSEJOS PARA CREAR IMÁGENES DE IMPACTO

- **Composición** : Aprender los principios básicos de la composición fotográfica, como la regla de los tercios, para crear imágenes equilibradas y atractivas.

- **Iluminación** : La iluminación puede transformar completamente una foto. Intente capturar imágenes con buena luz natural o aprenda técnicas básicas de iluminación para mejorar sus fotografías.

- **Edición** : utiliza herramientas de edición para ajustar el contraste, el brillo, la saturación y otros elementos que pueden mejorar la calidad de tu imagen. Sin embargo, evite exageraciones que puedan distorsionar el mensaje.

- **Título y contexto** : cuando utilice imágenes junto con texto, asegúrese de que el título o contexto proporcionado complemente y amplíe la comprensión de la imagen.

IMÁGENES Y LEGISLACIÓN

Al utilizar imágenes, es fundamental respetar los derechos de autor. Elige tus propias imágenes, compra licencias de bancos de imágenes o utiliza recursos de dominio público y bajo licencias Creative Commons, dando siempre crédito cuando sea necesario.

Con el poder de las imágenes de tu lado, el siguiente capítulo te lleva al mundo del **"PODCASTING Y AUDIO DIGITAL"**. Exploraremos cómo el contenido de audio puede complementar su arsenal de comunicaciones digitales, permitiéndole llegar a su audiencia de maneras nuevas y profundas, incluso cuando no pueden estar mirando una pantalla.

Prepárese para desbloquear el potencial de los podcasts y el contenido de audio aprendiendo a planificar, producir y promover episodios que puedan educar, entretener e inspirar a su audiencia. Continúa con nosotros en este viaje, donde cada capítulo abre nuevos horizontes en tu estrategia de contenidos digitales.

PODCASTING Y AUDIO DIGITAL

A medida que el mundo digital evoluciona, el podcasting y el contenido de audio digital emergen como poderosos vehículos de comunicación. Al permitirle llegar a su audiencia de maneras únicas y personales, los podcasts tienen la ventaja de ser consumidos mientras su audiencia realiza otras actividades, como conducir, caminar o realizar tareas domésticas. En este capítulo, exploraremos cómo puede integrar el podcasting y el audio digital en su estrategia de contenido para interactuar profundamente con su audiencia.

¿POR QUÉ INVERTIR EN PODCASTING?

- **Accesibilidad** : los podcasts son accesibles y fáciles de consumir. Su audiencia puede escucharlos en cualquier lugar y en cualquier momento, usando solo un teléfono inteligente y auriculares.

- **Conexión personal** : el formato de audio permite una conexión íntima y personal con la audiencia, creando una sensación de diálogo directo entre usted y sus oyentes.

- **Nichos de mercado** : el podcasting ofrece la oportunidad de explorar nichos de mercado específicos con contenido muy específico, creando una comunidad de oyentes leales.

PRIMEROS PASOS PARA CREAR TU PODCAST

- **Defina su tema y audiencia** : elija un tema que le apasione y que resuene con su público objetivo. Tener un enfoque claro ayudará a atraer y retener a los oyentes interesados en el tema.

- **Elija el formato** : entrevistas, monólogos, paneles de discusión o una combinación de formatos: decida cuál se adapta mejor a su contenido y estilo.

- **Invierte en equipos de calidad** : La calidad del audio es crucial en los podcasts. Un buen micrófono y una acústica decente pueden marcar la diferencia.

- **Planifique y produzca sus episodios** : resuma los puntos clave de conversación y realice una investigación adecuada para garantizar un contenido informativo y atractivo. La regularidad en la publicación de episodios también es importante para mantener a la audiencia interesada.

- **Edición** : La edición puede mejorar significativamente la calidad de su podcast al eliminar errores, pausas innecesarias y agregar música o efectos de sonido para enriquecer la experiencia auditiva.

- **Distribución** : plataformas como Spotify, Apple Podcasts y Google Podcasts son fundamentales para llegar a un público más amplio. Utilice agregadores de podcasts para distribuir su contenido de manera eficiente.

- **Promoción** : Utiliza tus redes sociales, sitio web y cualquier otro canal de comunicación para promocionar tu podcast. Considerar transcribir episodios en artículos de blogs o contenido de redes sociales también puede ayudar a atraer a una audiencia más amplia.

INVOLUCRAR A SU AUDIENCIA

- **Solicite comentarios** : anime a sus oyentes a dejar comentarios y sugerencias. Esto no sólo proporciona información valiosa para mejorar su contenido, sino que también aumenta la interacción con su audiencia.

- **Cree una comunidad** : utilice las redes sociales o foros en línea para crear una comunidad en torno a su podcast, donde los oyentes puedan discutir episodios y compartir ideas.

Armado con las estrategias para crear un podcast atractivo e informativo, está listo para explorar otras formas de contenido digital. En el próximo capítulo, **"BLOGS Y CONTENIDO ESCRITO"**, regresaremos a las raíces de la comunicación en línea para descubrir cómo los artículos, publicaciones de blogs y otros formatos escritos siguen siendo fundamentales para atraer al público y fortalecer su presencia digital.

Esté preparado para profundizar sus habilidades para contar historias y compartir información de manera impactante a través de texto, complementando sus estrategias de video y audio para una presencia en línea verdaderamente multidimensional. Quédese con nosotros mientras exploramos el arte y la ciencia detrás del contenido escrito eficaz.

BLOGS Y CONTENIDO ESCRITO

A medida que el mundo digital avanza rápidamente, con nuevas formas de contenido que surgen constantemente, los blogs y el contenido escrito mantienen su lugar como pilares fundamentales de la comunicación en línea. Este capítulo profundizará en el arte y la ciencia detrás de los blogs y la creación de contenido escrito eficaces, mostrando cómo pueden complementar sus estrategias de video y audio para una presencia en línea integral e impactante.

LA IMPORTANCIA DEL CONTENIDO ESCRITO

- **SEO** : el contenido escrito es crucial para la optimización de los motores de búsqueda. Los artículos bien redactados, con un uso estratégico de palabras clave, pueden aumentar significativamente la visibilidad de su sitio web.

- **Autoridad** : publicar contenido informativo y bien investigado lo establece a usted o a su marca como una autoridad en su campo, generando confianza con su audiencia.

– **Compartible** : el contenido escrito se puede compartir fácilmente, lo que puede ayudar a ampliar su alcance y atraer nuevas audiencias.

CÓMO CREAR CONTENIDO ESCRITO ATRACTIVO

- **Conozca a su audiencia** : comprender quién es su audiencia y qué busca es el primer paso para crear contenido que resuene y atraiga.

- **Títulos atractivos** : Un buen título es fundamental para llamar la atención. Debe ser intrigante y claro, indicando el valor que el lector obtendrá al dedicar su tiempo a su contenido.

- **Estructura clara** : utilice subtítulos, listas y párrafos cortos para que su contenido sea fácil de escanear. Muchos lectores prefieren obtener una vista previa del contenido antes de comprometerse a leerlo en detalle.

- **Contenido valioso** : proporcione información útil, conocimientos únicos o soluciones a problemas comunes. El valor real hace que los lectores regresen.

- **Llamados a la acción (CTA)** : incluya llamados a la acción claros, animando a los lectores a interactuar más con su contenido, ya sea comentando, compartiendo o siguiendo enlaces para obtener más información.

- **Optimización SEO** : Además de incluir palabras clave relevantes, asegúrate de que tu contenido esté optimizado para SEO en otros aspectos, como meta descripciones y URL amigables.

- **Regularidad** : mantener un calendario de publicación constante le ayuda a crear una audiencia leal y mejora su clasificación en los motores de búsqueda.

MEDICIÓN DEL ÉXITO

Utilice herramientas analíticas para realizar un seguimiento del rendimiento de su contenido. Métricas como visitas a la página, tiempo promedio en la página y tasas de rebote pueden ofrecer información valiosa sobre lo que funciona y lo que debe modificarse.

INTEGRACIÓN CON OTRAS FORMAS DE CONTENIDO

El contenido escrito no debe existir de forma aislada. Intégrelo con su contenido de video, audio e imagen para una experiencia de usuario rica y variada. Por ejemplo, resuma los puntos clave de un podcast en un artículo de blog o complemente una publicación con infografías.

Equipado con las técnicas para crear contenido escrito atractivo y eficaz, el siguiente paso es explorar cómo el diseño gráfico y la marca visual juegan un papel crucial en la comunicación digital. En el próximo capítulo, "**DISEÑO GRÁFICO Y MARCA**

VISUAL", descubriremos cómo utilizar elementos visuales para fortalecer su mensaje y crear una identidad de marca consistente y memorable.

Prepárate para descubrir cómo la estética visual puede amplificar el impacto de tu contenido y cautivar a tu audiencia aún más profundamente. Continúe con nosotros en este viaje de exploración de la comunicación digital integral, donde cada elemento trabaja en conjunto para construir una presencia en línea verdaderamente impactante.

DISEÑO GRÁFICO Y MARCA VISUAL

En este capítulo, exploraremos el vasto mundo del diseño gráfico y la marca visual, elementos cruciales para cualquier estrategia de comunicación digital exitosa. Una identidad de marca fuerte y cohesiva, respaldada por un diseño gráfico de calidad, no sólo capta la atención de su audiencia sino que también transmite el mensaje de su marca de forma clara y memorable.

LA IMPORTANCIA DEL DISEÑO GRÁFICO Y LA MARCA VISUAL

- **Primera impresión** : Las imágenes suelen ser el primer punto de contacto entre tu marca y el público. Un diseño impactante puede marcar la diferencia entre llamar la atención o ser ignorado.

- **Comunicación efectiva** : Además de llamar la atención, el diseño gráfico ayuda a comunicar tu mensaje de manera más efectiva, facilitando la comprensión y retención de la información.

- **Coherencia de marca** : una identidad visual coherente en todas las plataformas y tipos de contenido ayuda a generar conciencia y lealtad a la marca.

ELEMENTOS FUNDAMENTALES DEL DISEÑO GRÁFICO Y MARCA VISUAL

- **Logotipo e identidad visual** : Tu logotipo y los elementos visuales asociados (paleta de colores, tipografía, etc.) deben reflejar la personalidad y los valores de tu marca. Deben ser fácilmente reconocibles y lo suficientemente versátiles para funcionar en diferentes medios y contextos.

- **Imágenes y gráficos** : Utilice imágenes y gráficos de alta calidad que complementen y refuercen su mensaje. Considere utilizar imágenes originales o personalizadas para destacar.

- **Diseños y plantillas** : desarrolle diseños y plantillas coherentes para su sitio web, publicaciones de blog, boletines informativos y cualquier otro material de comunicación. Esto no sólo ahorra tiempo sino que también refuerza la cohesión visual.

- **Adaptabilidad para plataformas** : asegúrese de que su diseño sea adaptable a diferentes plataformas, manteniendo la integridad y eficacia en dispositivos móviles, de escritorio y de impresión.

CONSEJOS PARA CREAR UNA MARCA VISUAL EFICAZ

- **Simplicidad** : Muchas veces menos es más en el diseño. Un enfoque simple y claro puede ser mucho más efectivo para la comunicación y la memorización.

- **Historia de la marca** : integra elementos de la narrativa de tu marca en el diseño. Esto podría incluir elegir colores que representen su misión o imágenes que reflejen sus valores.

- **Comentarios y pruebas** : obtenga comentarios de su audiencia y realice pruebas A/B cuando sea posible para comprender qué funciona mejor en términos de diseño y marca.

- **Profesionalismo** : Si es posible, invierte en profesionales del diseño gráfico. Un diseño amateur puede darle una imagen negativa a tu marca.

IMPACTO DE MEDICIÓN

Al igual que con otras áreas del marketing digital, es importante medir el impacto de su diseño visual y de su marca. Las herramientas de análisis pueden ayudarlo a comprender cómo los elementos visuales influyen en el compromiso, el conocimiento de la marca y las conversiones.

INTEGRANDO DISEÑO Y CONTENIDO

Recuerde, el diseño gráfico y la marca visual no deben existir aislados del resto de su contenido. Deben trabajar en conjunto con texto, video, audio y cualquier otro tipo de contenido para crear una experiencia de usuario coherente y atractiva.

Con una sólida comprensión de cómo el diseño gráfico y la marca visual pueden fortalecer su estrategia de comunicaciones digitales, estamos listos para pasar al análisis de datos y la retroalimentación. En el próximo capítulo, "**ANÁLISIS DE DATOS Y RETROALIMENTACIÓN**", exploraremos cómo utilizar los análisis y los comentarios de los usuarios para evaluar el rendimiento de su contenido y ajustar sus estrategias para maximizar el éxito.

Prepárese para sumergirse en el mundo de los datos, donde cada interacción y participación puede proporcionar información valiosa para optimizar su presencia digital. Quédese con nosotros mientras avanzamos para hacer que sus comunicaciones digitales sean más efectivas y basadas en datos.

ANÁLISIS DE DATOS Y RETROALIMENTACIÓN

En el mundo del marketing y las comunicaciones digitales, el análisis de datos y los comentarios de los usuarios son esenciales para comprender el rendimiento de su contenido y la efectividad de sus estrategias. Este capítulo lo guiará a través del proceso de recopilación, interpretación y aplicación de datos y comentarios para optimizar sus iniciativas de contenido digital.

LA IMPORTANCIA DEL ANÁLISIS DE DATOS

- **Comprender el comportamiento del usuario** : los datos analíticos ofrecen información sobre cómo los usuarios interactúan con su contenido, lo que permite realizar ajustes centrados en aumentar la participación y la retención.

- **Medir el éxito** : definir y monitorear métricas clave lo ayuda a evaluar si se están cumpliendo sus objetivos de comunicación, lo que orienta decisiones futuras.

- **Identificar tendencias y patrones** : el análisis de datos puede revelar tendencias de consumo de contenido y patrones de comportamiento de los usuarios, proporcionando una base para estrategias proactivas.

HERRAMIENTAS Y MÉTRICAS ESENCIALES

- **Google Analytics** : Esencial para analizar el tráfico del sitio web, patrones de navegación, fuentes de tráfico y conversiones.

- **Herramientas de redes sociales** : plataformas como Facebook Insights y Twitter Analytics ofrecen datos sobre el rendimiento del contenido, el alcance, la participación y la demografía de la audiencia.

- **Métricas clave** : participación (me gusta, acciones, comentarios), alcance, tráfico del sitio web, tiempo en la página, tasas de rebote y conversiones son algunas de las métricas más importantes a las que se debe realizar un seguimiento.

RECOPILACIÓN Y USO DE COMENTARIOS

- Encuestas y cuestionarios : herramientas como Google Forms o SurveyMonkey pueden ayudar a recopilar comentarios directos de su audiencia sobre la calidad y relevancia de su contenido.

- Comentarios en redes sociales y blogs : supervise y responda a los comentarios para comprender las reacciones y percepciones de la audiencia hacia su contenido.

- Pruebas A/B : utilice las pruebas A/B para probar diferentes enfoques de su contenido y diseño, midiendo qué versión funciona mejor con su audiencia.

APLICAR DATOS Y COMENTARIOS

- Ajuste de estrategias : utilice los datos recopilados para perfeccionar sus estrategias de contenido, enfocándose en formatos, temas y canales que generen una mejor participación.

- Personalización de contenido : los conocimientos sobre el comportamiento del usuario pueden ayudar a personalizar el contenido para diferentes segmentos de audiencia, aumentando la relevancia y el impacto.

- Innovación y experimentación : Fomentar la innovación experimentando con nuevos formatos y enfoques, utilizando datos y comentarios como guías para estas exploraciones.

Con una sólida comprensión de cómo analizar datos e integrar comentarios para mejorar sus estrategias de contenido, estará bien posicionado para explorar los matices de las "**ESTRATEGIAS DE COMPROMISO**". En el próximo capítulo, profundizaremos en técnicas específicas para fomentar la interacción de la audiencia con su contenido, convertir vistas pasivas en interacciones activas y construir una comunidad vibrante en torno a su marca o mensaje.

Prepárese para aprender el arte de interactuar profundamente con su audiencia, fomentando la participación activa y el diálogo, elementos clave para un éxito duradero en el dinámico panorama digital actual. Quédese con nosotros mientras avanzamos en este viaje enriquecedor, cada paso nos acerca a una comunicación digital más impactante y significativa.

ESTRATEGIAS DE COMPROMISO

Atraer a su audiencia no se trata sólo de generar vistas o clics; se trata de crear una conexión significativa que fomente la participación activa y construya una comunidad en torno a su marca o mensaje. En este capítulo, exploraremos estrategias efectivas para aumentar la participación de la audiencia, convirtiendo a los seguidores pasivos en participantes activos y defensores de su marca.

ENTENDIENDO EL COMPROMISO

El compromiso va más allá de los números. Se trata de la calidad de las interacciones que tienes con tu audiencia. Los comentarios, las acciones compartidas, los me gusta y el tiempo de visualización son indicativos de cuán relevante e impactante es su contenido para la audiencia. Una estrategia de participación exitosa convierte a su audiencia en una comunidad activa, aumentando la lealtad a la marca y el alcance orgánico de su contenido.

ESTRATEGIAS PARA FOMENTAR EL COMPROMISO

- **Contenido interactivo** : Utilice formatos que inviten a la interacción, como encuestas, cuestionarios y llamados a la acción claros. Las redes sociales ofrecen herramientas específicas para ello, aprovéchalas.

- **Valorar la comunidad** : Responder a comentarios, mensajes y correos electrónicos. Demostrar que está escuchando y valorando los comentarios y contribuciones de la audiencia fomenta más interacciones.

- **Contenido de calidad** : Mantenga el contenido relevante, útil e interesante. El contenido que resuelve problemas, inspira o educa tiende a generar más participación.

- **Coherencia** : Mantener una frecuencia regular de publicaciones. Esto ayuda a desarrollar entre su audiencia el hábito de buscar su contenido e interactuar con él.

- **Personalización** : utilice datos para orientar su contenido a diferentes partes de su audiencia. El contenido personalizado genera mayor relevancia y, a su vez, mayor engagement.

- **Comunidad y cocreación** : Anima a tu audiencia a aportar contenido, ya sea a través de concursos, hashtags o convocatorias de colaboración. Esto no sólo aumenta el engagement, sino también el sentimiento de pertenencia a la marca.

- **Utilice Storytelling** : Las historias que evocan emociones o que son identificables aumentan la conexión emocional con la audiencia, fomentando la interacción.

MEDIR Y ANALIZAR EL COMPROMISO

Utilice herramientas analíticas para monitorear el compromiso. Esto incluye métricas como tasa de participación, comentarios, acciones compartidas y crecimiento de la comunidad. Analizar estos datos le permite ajustar estrategias y mejorar continuamente el compromiso con su audiencia.

EJEMPLOS PRÁCTICOS

- **Sesiones de preguntas y respuestas** : realizar sesiones de preguntas y respuestas en vivo en las redes sociales puede aumentar significativamente la participación al crear un espacio para la interacción directa.

- **Contenido generado por el usuario (CGU)** : animar a los usuarios a compartir sus propias experiencias relacionadas con su marca o contenido puede generar participación orgánica y contenido auténtico.

Con estrategias de participación sólidas a la mano, el siguiente paso es aprender cómo ampliar aún más el alcance de su contenido. En el próximo capítulo, "**PUBLICIDAD Y PROMOCIÓN EN LÍNEA**", exploraremos cómo utilizar la publicidad paga y otras técnicas de promoción para aumentar la visibilidad de su contenido y atraer a una audiencia más amplia.

Esté preparado para sumergirse en tácticas de promoción que puedan complementar sus esfuerzos orgánicos y ayudarle a alcanzar objetivos específicos de marketing y comunicación. Avanza con nosotros en este viaje, equipado para atraer y expandir tu audiencia en el vasto panorama digital.

PUBLICIDAD Y PROMOCIÓN EN LÍNEA

Después de establecer una base sólida de participación orgánica, las técnicas de promoción y publicidad en línea pueden ampliar significativamente el alcance de su contenido, atrayendo nuevas audiencias y reforzando la presencia digital de su marca. En este capítulo, cubriremos cómo integrar la publicidad paga en su estrategia de contenido, maximizando la visibilidad y el impacto de su trabajo.

ENTENDIENDO LA PUBLICIDAD EN LÍNEA

La publicidad en línea implica varias formas de promoción paga que pueden ayudar a lograr objetivos específicos, como aumentar el conocimiento de la marca, dirigir el tráfico a un sitio web o convertir clientes potenciales en clientes. Plataformas como Google Ads, Facebook Ads e Instagram Ads ofrecen herramientas sólidas para segmentar audiencias, personalizar mensajes y medir el éxito de sus campañas.

PLANIFICAR TU CAMPAÑA

- **Define tus objetivos** : Especifica qué quieres conseguir con la campaña. Esto puede ir desde aumentar la visibilidad de un nuevo producto hasta promocionar un evento.

- **Identifique su público objetivo** : utilice datos demográficos, intereses y comportamientos para definir a quién desea llegar. La focalización eficaz es crucial para el éxito de la campaña.

- **Elija la plataforma adecuada** : seleccione la plataforma publicitaria que mejor se alinee con sus objetivos y donde su audiencia pasa más tiempo.

- **Presupuesto y cronograma** : define cuánto estás dispuesto a gastar y el período de la campaña. La mayoría de las plataformas le permiten ajustar su presupuesto en tiempo real según el rendimiento.

- **Cree contenido atractivo** : desarrolle anuncios visualmente atractivos con mensajes claros que atraigan a su público objetivo. Pruebe diferentes formatos para ver cuál genera la mayor participación.

MEJORES PRÁCTICAS DE PROMOCIÓN

- **Optimización continua** : supervise el rendimiento de su campaña y realice los ajustes necesarios para mejorar los resultados.

- **Pruebas A/B** : prueba diferentes versiones de tus anuncios para determinar qué elementos (imágenes, textos, llamadas a la acción) son más efectivos.

- **Retargeting** : Utilice el retargeting para llegar a personas que ya han interactuado con su marca, personalizando los mensajes para aumentar la probabilidad de conversión.

- **Integre con contenido orgánico** : asegúrese de que sus campañas pagas complementen y refuercen sus esfuerzos orgánicos, creando una experiencia de usuario coherente.

MEDICIÓN DEL ÉXITO

Utilice métricas específicas como impresiones, clics, tasa de conversión y retorno de la inversión (ROI) para evaluar el éxito de su campaña. Analizar estos datos le permite perfeccionar sus estrategias y garantizar que su inversión publicitaria genere los resultados deseados.

Con un enfoque estratégico para la publicidad y promoción en línea, está listo para explorar nuevas fronteras en su estrategia de contenido. En el próximo capítulo, "**MARKETING POR CORREO ELECTRÓNICO INTEGRADO**", analizaremos cómo el marketing por correo electrónico puede integrarse armoniosamente en su estrategia de contenido multiplataforma, proporcionando un canal directo y personalizado para atraer a su audiencia.

Esté preparado para descubrir cómo utilizar el marketing por correo electrónico para generar clientes potenciales, fidelizar a los clientes y reforzar la presencia de su marca. Avanza con nosotros, ya que cada capítulo enriquece tu repertorio de estrategias para dominar la comunicación digital.

MARKETING POR CORREO ELECTRÓNICO INTEGRADO

El marketing por correo electrónico sigue siendo una de las herramientas más efectivas y directas para comunicarse con su audiencia. Cuando se integra en su estrategia de contenido multiplataforma, ofrece un canal único para llegar a su audiencia de manera personalizada, nutrir clientes potenciales y fomentar la lealtad a la marca. Este capítulo explora cómo puede utilizar estratégicamente el marketing por correo electrónico para complementar y amplificar el impacto de su contenido digital.

¿POR QUÉ INTEGRAR EL MARKETING POR CORREO ELECTRÓNICO?

- **Alcance directo** : el correo electrónico le permite comunicarse directamente con su audiencia, entregando contenido relevante directamente a las bandejas de entrada de sus seguidores.

- **Personalización** : Con la segmentación y la automatización, es posible personalizar tus mensajes según las preferencias y comportamientos de los usuarios, aumentando la relevancia y efectividad de la comunicación.

- **Medición de resultados** : Las plataformas de marketing por correo electrónico ofrecen análisis detallados sobre aperturas, clics y conversiones, lo que permite ajustes precisos y una mejor comprensión de su audiencia.

ESTRATEGIAS PARA UN MARKETING POR CORREO ELECTRÓNICO EFECTIVO

- **Cree su lista de correo electrónico** : ofrezca valor a cambio de la dirección de correo electrónico, como libros electrónicos, seminarios web, descuentos, para fomentar registros voluntarios y crear una lista comprometida.

- **Segmentación de audiencia** : divida su lista de correo electrónico en segmentos según el interés, el comportamiento de compra o la etapa en el embudo de ventas para enviar contenido más relevante y personalizado.

- **Contenido de valor** : Además de promociones, incluye contenido útil e informativo que eduque y entretenga a tu audiencia, reforzando la percepción del valor de tu marca.

- **Diseño atractivo** : utilice plantillas responsivas y visualmente atractivas que reflejen la identidad visual de su marca y sean fáciles de leer en cualquier dispositivo.

- **Llamados a la acción claros** : incluya CTA (llamados a la acción) claros y convincentes que dirijan a los lectores al siguiente paso, ya sea visitar su sitio web, mirar un video o realizar una compra.

- **Automatización y personalización** : Utilice la automatización para enviar correos electrónicos en momentos estratégicos, como dar la bienvenida a nuevos suscriptores o recordatorios de carritos abandonados, personalizando mensajes en función de las acciones de los usuarios.

PRUEBAS Y OPTIMIZACIÓN

- **Pruebas A/B** : experimente con diferentes líneas de asunto, diseños y contenido para ver qué genera la mayor participación y conversión.

- **Análisis y ajuste** : supervise las métricas de rendimiento y utilice los conocimientos recopilados para perfeccionar continuamente su estrategia de marketing por correo electrónico.

INTEGRACIÓN DEL CORREO ELECTRÓNICO CON OTRAS ESTRATEGIAS

Para una estrategia de contenido multiplataforma verdaderamente integrada, asegúrese de que su marketing por correo electrónico esté alineado con su contenido en las redes sociales, blogs y otros canales digitales. Esto no sólo refuerza el mensaje de su marca, sino que también ofrece múltiples puntos de contacto para atraer a su audiencia en diferentes etapas del recorrido del cliente.

Equipado con estrategias para un marketing por correo electrónico integrado y eficaz, el siguiente paso es explorar cómo maximizar el alcance y el impacto de su contenido a través de "**ASOCIACIONES Y COLABORACIONES**". En el siguiente capítulo, analizaremos cómo aprovechar las relaciones con personas influyentes, marcas y plataformas para ampliar su audiencia y enriquecer su contenido con nuevas perspectivas.

Prepárese para abrir las puertas a nuevas oportunidades de crecimiento e innovación, ampliando su red y explorando el potencial de colaboraciones estratégicas en el mundo digital. Únase a nosotros en este viaje, agregando otra capa de sofisticación a su estrategia de comunicación en línea.

ASOCIACIONES Y COLABORACIONES

Explorar asociaciones y colaboraciones estratégicas puede ser una forma poderosa de ampliar el alcance de su contenido, presentar su marca a nuevas audiencias y enriquecer su oferta de contenido con perspectivas diversas. Este capítulo cubre cómo puede identificar, establecer y fomentar asociaciones productivas que complementen y amplifiquen su estrategia de contenido digital.

LA FUERZA DE LAS ASOCIACIONES

- **Acceso a nuevas audiencias** : colaborar con personas influyentes, marcas o plataformas complementarias puede abrir puertas a audiencias que de otra manera no habrían descubierto su contenido.

- **Credibilidad y confianza** : asociarse con nombres establecidos y respetados en su industria puede elevar la percepción de su marca y generar confianza en una audiencia más amplia.

- **Contenido enriquecido** : las colaboraciones ofrecen la oportunidad de crear contenido único y valioso combinando experiencia y recursos.

IDENTIFICAR SOCIOS POTENCIALES

- **Alineación de valores** : Busque socios cuyos valores y misión estén alineados con los de su marca, asegurando una colaboración armoniosa y auténtica.

- **Complementariedad** : Los socios que ofrecen productos, servicios o conocimientos complementarios a los suyos pueden abrir oportunidades para contenido colaborativo interesante y valioso.

- **Participación de la audiencia** : considere el nivel de participación y relevancia de la audiencia del socio en relación con su propia audiencia objetivo.

ESTABLECIENDO COLABORACIONES EXITOSAS

- **Propuesta de valor clara** : cuando se acerque a socios potenciales, presente una propuesta de valor clara que destaque los beneficios mutuos de la colaboración.

- **Comunicación abierta y continua** : La comunicación efectiva es fundamental para el éxito de cualquier asociación. Establezca expectativas claras y mantenga líneas de comunicación abiertas.

- **Planificación conjunta** : trabajen juntos para desarrollar un plan de contenido que aproveche las fortalezas de ambas partes, garantizando que el contenido sea relevante y atractivo para ambas audiencias.

EJEMPLOS DE COLABORACIONES EFICACES

- **Campañas cruzadas** : lanza una campaña promocional o de contenido conjunta, compartiéndola en ambas plataformas para duplicar el alcance.

- **Intercambio de contenido** : crear contenido para el blog, canal o red social de cada uno, presentando nuevas perspectivas y valor a la audiencia.

- **Eventos conjuntos o seminarios web** : la organización de eventos físicos o en línea en asociación puede generar un alto valor añadido y compromiso para las audiencias involucradas.

MEDIR EL ÉXITO DE LAS COLABORACIONES

Establezca métricas de éxito claras antes de iniciar la asociación, incluido un mayor alcance, participación, crecimiento de la audiencia o conversiones. Utilice herramientas analíticas para monitorear el desempeño y evaluar el impacto de la colaboración.

Comprender el poder de las asociaciones y colaboraciones abre un nuevo mundo de posibilidades para expandir y enriquecer su contenido digital. A continuación, en el capítulo "**EVENTOS**

VIRTUALES Y SEMINARIOS WEB", exploraremos cómo puede utilizar los eventos en línea como una extensión de sus estrategias de asociación y como una forma poderosa de involucrar y ampliar su audiencia.

Prepárese para sumergirse en estrategias para planificar, promover y ejecutar eventos virtuales exitosos, utilizándolos como una herramienta dinámica de comunicación y participación en el universo digital. Avanza con nosotros en este viaje de descubrimiento e innovación continua.

EVENTOS VIRTUALES Y SEMINARIOS WEB

Los eventos virtuales y seminarios web son herramientas excepcionales para profundizar el compromiso con su audiencia, educar sobre temas relevantes y demostrar experiencia. Ofrecen una plataforma interactiva para conectar directamente con tu audiencia, permitiendo el intercambio de información en tiempo real y fortaleciendo la comunidad alrededor de tu marca o mensaje. En este capítulo, exploraremos cómo planificar, promover y ofrecer eventos virtuales y seminarios web que capten la atención y fomenten la participación de su audiencia.

BENEFICIOS DE LOS EVENTOS VIRTUALES Y WEBINARS

- **Alcance global** : la naturaleza en línea de estos eventos elimina las barreras geográficas, lo que permite participar a personas de cualquier parte del mundo.

- **Interactividad** : herramientas como chats en vivo, encuestas y sesiones de preguntas y respuestas (Q&A) permiten la interacción directa, haciendo que el evento sea más atractivo y personal.

- **Generación de leads** : los eventos virtuales y seminarios web son excelentes para recopilar información de contacto de los participantes interesados, ampliando tu base de leads.

- **Contenido reutilizable** : Los eventos se pueden grabar y utilizar posteriormente como contenido bajo demanda, multiplicando el valor de tu esfuerzo inicial.

PLANIFICACIÓN DE SU EVENTO VIRTUAL O WEBINAR

- **Defina sus objetivos** : aclare lo que espera lograr con el evento, ya sea educar sobre un producto, discutir las tendencias de la industria o construir una comunidad.

- **Elija la plataforma adecuada** : seleccione una plataforma de seminario web o evento virtual que satisfaga sus necesidades, considerando la cantidad de participantes, las herramientas de interacción y las opciones de personalización.

- **Desarrollar contenido atractivo** : planifique cuidadosamente el contenido de su evento para asegurarse de que sea informativo, relevante e interactivo. Considere invitar a oradores o socios expertos para agregar valor.

- **Promoción** : utilice sus canales de redes sociales, marketing por correo electrónico y sitio web para promocionar el evento. Considere también asociaciones para ampliar su alcance.

CONSEJOS PARA REALIZAR EVENTOS VIRTUALES Y WEBINARS EXITOSOS

- **Prueba técnica** : Realiza pruebas técnicas antes del evento para evitar problemas de audio, vídeo o conexión.

- **Participación activa** : Fomente la participación de la audiencia con preguntas, encuestas y debates para hacer el evento más dinámico.

- **Comentarios y seguimiento** : después del evento, solicite comentarios de los asistentes y envíe materiales de seguimiento, como grabaciones del evento, recursos adicionales y agradecimientos por participar.

MEDICIÓN DEL ÉXITO

Defina métricas de éxito específicas para su evento, como la cantidad de inscritos, la tasa de participación, la participación durante el evento y los comentarios posteriores al evento. Analice estos datos para comprender qué funcionó bien y qué se puede mejorar para eventos futuros.

Los eventos virtuales y seminarios web no sólo enriquecen su estrategia de contenidos, sino que también abren puertas a nuevas formas de interacción y compromiso. En el próximo capítulo, **"REALIDAD VIRTUAL AUMENTADA"**, exploraremos cómo estas tecnologías emergentes se pueden utilizar para crear experiencias aún más inmersivas y memorables para su audiencia.

Prepárese para superar los límites de lo posible utilizando la realidad virtual y aumentada como herramientas innovadoras en su viaje digital. Avance con nosotros mientras continuamos explorando el vasto territorio de la comunicación digital efectiva.

REALIDAD VIRTUAL AUMENTADA

La realidad aumentada (AR) y la realidad virtual (VR) están redefiniendo los límites de la experiencia digital, ofreciendo formas nuevas y emocionantes de involucrar y sumergir al público. Estas tecnologías le permiten crear experiencias únicas que pueden enriquecer su estrategia de contenido, resaltar su marca y brindar un valor significativo a sus usuarios. En este capítulo, exploraremos cómo puede incorporar la realidad virtual y aumentada en su comunicación digital para crear experiencias memorables e interactivas.

ENTENDIENDO LA AR Y LA VR

- **Realidad aumentada (AR)** : Superpone información digital sobre el mundo real, enriqueciendo la realidad del usuario con elementos virtuales. Los ejemplos incluyen filtros de redes sociales y aplicaciones que le permiten ver productos en un espacio real.

- **Realidad virtual (VR)** : crea un entorno totalmente inmersivo, al que generalmente se accede a través de un visor de realidad virtual, donde los usuarios pueden interactuar con un mundo completamente digital.

BENEFICIOS DE LA INCORPORACIÓN DE AR Y VR

- **Experiencias inmersivas** : AR y VR ofrecen formas únicas de contar historias y presentar información, creando experiencias profundamente inmersivas.

- **Diferenciación competitiva** : el uso de estas tecnologías puede diferenciar su marca, mostrando innovación y mejorando la participación del cliente.

- **Educación y formación mejoradas** : la realidad virtual, en particular, ofrece oportunidades excepcionales de formación y educación, permitiendo simulaciones prácticas y realistas.

- **Potencial viral** : las experiencias únicas de AR y VR tienen un alto potencial para compartir en redes sociales, lo que aumenta el alcance orgánico de su contenido.

IMPLEMENTAR AR Y VR EN LA ESTRATEGIA DE CONTENIDO

- **Empiece poco a poco** : experimente con filtros AR en las redes sociales o recorridos virtuales sencillos para comprender cómo interactúa su audiencia con estas tecnologías.

- **Centrarse en el valor para el usuario** : las experiencias de AR y VR deben enriquecer el contenido existente, ofreciendo un claro valor adicional para el usuario.

- **Asociaciones estratégicas** : colabore con desarrolladores y creadores de AR/VR para explorar ideas creativas y técnicamente viables que complementen su marca y sus objetivos de contenido.

- **Promocione sus experiencias** : utilice todos sus canales de comunicación para promover sus iniciativas de AR y VR, fomentando las pruebas y los comentarios de los usuarios.

DESAFÍOS Y CONSIDERACIONES

- **Accesibilidad** : considere la accesibilidad de sus experiencias de AR y VR, tanto en términos de requisitos de hardware como de facilidad de uso.

- **Inversión** : Evalúe el costo versus el beneficio, ya que desarrollar experiencias de AR y VR puede requerir una inversión significativa.

- **Medición del éxito** : Defina métricas claras para evaluar el éxito de sus iniciativas, como el engagement, las conversiones o el aumento del tiempo de interacción.

Al incorporar la realidad virtual y aumentada en su estrategia de contenido, abre nuevas dimensiones de interactividad y participación. En el próximo capítulo, **"GESTIÓN DE LA**

COMUNIDAD", analizaremos cómo gestionar y cultivar una comunidad comprometida, un aspecto crucial para maximizar el impacto de su contenido y tecnologías emergentes como AR y VR.

Esté preparado para aprender las mejores prácticas para construir y mantener una comunidad vibrante, ya que la comunicación eficaz y una audiencia comprometida son fundamentales para el éxito en el dinámico mundo digital. Continúe con nosotros en este viaje de innovación y descubrimiento.

GESTIÓN DE LA COMUNIDAD

Cultivar una comunidad comprometida no se trata sólo de generar números; se trata de fomentar relaciones significativas con tu audiencia, creando un espacio para el diálogo, el apoyo y el intercambio de ideas. Una comunidad sólida puede convertirse en la base del éxito duradero de su marca o mensaje. En este capítulo, exploraremos estrategias efectivas para la gestión comunitaria que ayudarán a fortalecer esos vínculos y mantener el compromiso.

LA IMPORTANCIA DE LA GESTIÓN COMUNITARIA

- **Compromiso profundo** : una comunidad bien administrada promueve un nivel de compromiso que va más allá del consumo pasivo de contenido, fomentando la interacción activa entre los miembros y con la marca.

- **Comentarios valiosos** : las comunidades brindan información directa sobre las necesidades, deseos y percepciones de su audiencia, y sirven como un canal vital para recibir comentarios.

- **Defensa de la marca** : los miembros de la comunidad felices y comprometidos pueden convertirse en defensores de su marca compartiendo su contenido y recomendando sus productos o servicios.

ESTRATEGIAS PARA UNA GESTIÓN COMUNITARIA EFECTIVA

- **Establecer normas claras** : definir y comunicar reglas comunitarias para garantizar un ambiente respetuoso y acogedor donde todos se sientan seguros de participar.

- **Fomentar la interactividad** : fomente debates, haga preguntas y cree oportunidades para que los miembros interactúen entre sí y con la marca. Esto puede incluir sesiones de preguntas y respuestas, desafíos y eventos virtuales.

- **Reconocer y recompensar** : mostrar aprecio por la

participación de la comunidad reconociendo contribuciones significativas y, cuando sea posible, recompensando la actividad que beneficie al grupo.

- **Moderación activa** : supervise la comunidad para responder rápidamente a las preguntas, resolver conflictos y garantizar que las interacciones sigan siendo positivas y constructivas.

- **Contenido exclusivo** : Ofrece valor adicional a tu comunidad con acceso a contenido exclusivo, avances u oportunidades especiales, fortaleciendo el sentido de pertenencia.

- **Utilizar herramientas de gestión de la comunidad** : Las herramientas digitales pueden ayudar a gestionar la comunidad de forma más eficiente, facilitando la comunicación, la programación de contenidos y el análisis de la participación.

CONSTRUCCIÓN Y MANTENIMIENTO DE CONEXIONES

- **Escuche activamente** : esté atento a las conversaciones dentro de su comunidad. Los comentarios de los miembros son cruciales para adaptar las estrategias y el contenido a las necesidades de la audiencia.

- **Ser auténtico** : La comunicación auténtica y transparente ayuda a generar confianza y lealtad. Sea honesto acerca de los desafíos y abierto en sus comunicaciones.

- **Crecimiento sostenible** : Foco en el crecimiento orgánico y sostenible de la comunidad, priorizando la calidad de las interacciones sobre la cantidad.

La gestión comunitaria eficaz es un componente esencial de cualquier estrategia de contenido exitosa, ya que crea una base sólida de apoyo, compromiso y lealtad. A medida que avanzamos hacia "**ACCESIBILIDAD DEL CONTENIDO**", el próximo capítulo se centrará en cómo garantizar que su contenido sea inclusivo y accesible para todos, respetando la diversidad y promoviendo el acceso igualitario a la información.

Prepárese para explorar las mejores prácticas y herramientas que pueden hacer que su contenido digital sea accesible para audiencias más amplias, incluidas las personas con discapacidades. Continúa con nosotros en este viaje inclusivo, aprendiendo cómo ampliar el impacto y alcance de tus contenidos en el universo digital.

ACCESIBILIDAD DEL CONTENIDO

La accesibilidad en el contexto digital va más allá de la responsabilidad social; es una oportunidad para llegar e involucrar a un público más amplio, incluidas las personas con discapacidad. Hacer que su contenido sea accesible significa que más personas pueden beneficiarse, aprender e interactuar con su marca o mensaje. En este capítulo, exploraremos cómo garantizar que su contenido digital sea inclusivo y accesible para todos.

ENTENDIENDO LA ACCESIBILIDAD

La accesibilidad se refiere a la creación de contenidos y plataformas digitales que puedan ser utilizados fácilmente por personas con una amplia gama de capacidades, incluidas aquellas con discapacidades visuales, auditivas, motoras o cognitivas. Esto implica considerar múltiples aspectos del diseño y el contenido, garantizando que todos puedan navegar, comprender e interactuar con su contenido sin barreras.

PRINCIPIOS DE ACCESIBILIDAD

- **Perceptible** : asegúrese de que la información se presente de una manera que todos puedan entender, incluido el uso de texto alternativo para imágenes y subtítulos para videos.

- **Operable** : asegúrese de que cualquier usuario pueda operar la interfaz, lo que puede incluir navegación con el teclado y tiempo suficiente para leer y usar el contenido.

- **Comprensible** : haga que el contenido sea fácil de entender utilizando un lenguaje claro y predecible y explicando cualquier jerga o abreviaturas.

- **Robusto** : desarrolle contenido que pueda ser interpretado de manera confiable por una amplia gama de usuarios, incluidos aquellos que dependen de tecnologías de asistencia.

ESTRATEGIAS PARA HACER EL CONTENIDO ACCESIBLE

- **Utilizar textos alternativos** : Proporcionar descripciones claras y concisas de imágenes, gráficos y otros contenidos visuales, permitiendo a las personas con discapacidad visual comprender su contexto.

- **Transcripciones y subtítulos** : Ofrecer transcripciones de contenidos de audio y subtítulos de vídeos, asegurando que las personas con discapacidad auditiva puedan acceder a la información.

- **Contraste y tamaño del texto** : garantice un contraste adecuado entre el texto y el fondo y permita ajustar el tamaño del texto para facilitar la lectura.

- **Navegación simplificada** : estructura tu contenido de forma lógica y proporciona múltiples formas de navegación, como menús, búsqueda y mapa del sitio.

- **Pruebas y retroalimentación** : Realizar pruebas periódicas de accesibilidad, preferiblemente con la participación de personas con discapacidad, y estar abierto a la retroalimentación para mejorar continuamente.

HERRAMIENTAS Y RECURSOS

Hay varias herramientas y pautas disponibles para ayudar a que su contenido sea accesible, incluidas las Pautas de accesibilidad al contenido web (WCAG) y software de prueba de accesibilidad que pueden automatizar la identificación de problemas comunes.

Al hacer que el contenido digital sea más accesible, no solo amplía su alcance, sino que también demuestra un compromiso con la inclusión y la igualdad. Pasando a "**SOSTENIBILIDAD Y RESPONSABILIDAD SOCIAL**", exploraremos cómo incorporar estos importantes valores en su estrategia de contenido, fortaleciendo su conexión con su audiencia y destacando su marca como socialmente responsable.

Continúe este viaje con nosotros mientras profundizamos en cómo el contenido digital puede ser una fuerza para el bien, promoviendo prácticas sostenibles y responsables que resuenan con las preocupaciones contemporáneas de su audiencia.

SOSTENIBILIDAD Y RESPONSABILIDAD SOCIAL

Incorporar la sostenibilidad y la responsabilidad social a tu estrategia de contenidos no es sólo una forma de contribuir a un mundo mejor; también fortalece la conexión con su audiencia, cada vez más consciente y preocupada por los temas ambientales y sociales. Este capítulo discutirá cómo puede utilizar su contenido digital para reflejar y promover prácticas sostenibles y responsables, posicionando su marca como un agente de cambio positivo.

LA IMPORTANCIA DE LA SOSTENIBILIDAD Y LA RESPONSABILIDAD SOCIAL

- **Conexión auténtica con el público** : Los consumidores y usuarios valoran las marcas que demuestran una preocupación genuina por el medio ambiente y la comunidad. Comunicar sus iniciativas de sostenibilidad y responsabilidad social puede fortalecer esta conexión.

- **Diferenciación en el mercado** : Al posicionarse como una marca responsable, puede destacarse en un mercado competitivo, atrayendo consumidores que toman decisiones basadas en valores.

- **Impacto positivo** : Además de los beneficios para la marca, promover la sostenibilidad y la responsabilidad social contribuye a un impacto positivo en el mundo, incentivando a otros a adoptar prácticas más conscientes.

INCORPORANDO LA SOSTENIBILIDAD Y LA RESPONSABILIDAD SOCIAL EN LOS CONTENIDOS

- **Comunica tus prácticas** : sé transparente sobre las acciones que tu marca está tomando para ser más sostenible y socialmente responsable. Esto puede incluir todo, desde operaciones respetuosas con el medio ambiente hasta el apoyo a causas sociales.

- **Educa a tu audiencia** : utiliza tu contenido para educar sobre la importancia de la sostenibilidad y la responsabilidad social. Esto podría implicar compartir consejos prácticos, información sobre cuestiones ambientales y sociales o historias de impacto positivo.

- **Promover acciones positivas** : Anima a tu audiencia a adoptar prácticas sostenibles en sus propias vidas. Esto se puede hacer a través de desafíos, iniciativas de recaudación de fondos o campañas de concientización.

- **Asociaciones con organizaciones alineadas** : colabore con ONG, organizaciones sin fines de lucro u otras empresas que compartan valores similares para amplificar su impacto y alcance.

- **Mostrar impacto** : Informe periódicamente sobre el progreso de sus iniciativas, mostrando el impacto tangible de sus acciones. Esto puede incluir estudios de casos, informes de sostenibilidad e historias de éxito.

DESAFÍOS Y CONSIDERACIONES

- **Autenticidad** : asegúrese de que sus iniciativas de sostenibilidad y responsabilidad social sean genuinas y reflejen los valores de su marca para evitar acusaciones de "greenwashing" o explotación social.

- **Compromiso continuo** : El compromiso con la sostenibilidad y la responsabilidad social debe ser continuo, no sólo una campaña puntual. Integre estos valores profundamente en su marca y estrategia de contenido.

- **Accesibilidad** : considere cómo hacer que sus iniciativas sean inclusivas y accesibles para una audiencia amplia, garantizando que todos puedan participar y contribuir.

Al adoptar la sostenibilidad y la responsabilidad social en su estrategia de contenidos, no sólo fortalece su marca, sino que también contribuye a construir un futuro mejor. El próximo capítulo, **"GESTIÓN DE CRISIS"**, cubrirá cómo prepararse y responder eficazmente a posibles crisis relacionadas con su contenido o marca, garantizando mantener la confianza y el apoyo de su audiencia, incluso en tiempos difíciles.

Avanza con nosotros mientras exploramos la gestión de crisis en el contexto digital, equipándote con estrategias para afrontar situaciones difíciles con gracia y resiliencia.

GESTIÓN DE CRISIS

Ninguna empresa o marca es inmune a las crisis, pero la forma en que se prepara y responde puede marcar la diferencia a la hora de preservar la confianza y la lealtad de su audiencia. La gestión eficaz de crisis es esencial para minimizar el daño potencial a su reputación y sus operaciones. Este capítulo proporciona estrategias para gestionar crisis relacionadas con su contenido digital o marca, garantizando una comunicación clara y efectiva en tiempos difíciles.

ENTENDIENDO LA GESTIÓN DE CRISIS

La gestión de crisis implica identificar amenazas potenciales a su marca, preparar planes de acción avanzados y comunicarse de manera efectiva con su audiencia y partes interesadas durante una crisis. Una preparación y respuesta rápidas pueden ayudar a mitigar el impacto negativo e incluso convertir una crisis en una oportunidad para fortalecer la percepción de su marca.

ESTRATEGIAS DE PREPARACIÓN PARA CRISIS

- **Plan de gestión de crisis** : Desarrollar un plan integral que incluya escenarios potenciales, protocolos de respuesta, líneas de comunicación claras y un equipo de gestión de crisis dedicado.

- **Monitoreo y alerta temprana** : Utilice herramientas de monitoreo digital para monitorear las menciones de su marca, permitiendo la detección temprana de posibles crisis.

- **Comunicación interna** : asegúrese de que su equipo esté bien informado sobre los planes de gestión de crisis y sepa cómo actuar y a quién comunicar en caso de una emergencia.

RESPUESTA A LAS CRISIS

- **Respuesta rápida** : una respuesta oportuna es crucial. Reconozca la situación rápidamente, incluso si es solo para hacerles saber que está al tanto del problema y recibirá más información.

- **Transparencia y honestidad** : Ser transparente sobre la naturaleza de la crisis, qué se está haciendo para resolverla y qué se hará para evitar situaciones similares en el futuro.

- **Comunicación coherente** : Mantener un mensaje coherente en todos los canales de comunicación, ya sean redes sociales, correo electrónico o comunicados de prensa.

- **Centrarse en la audiencia** : comprenda las inquietudes y preguntas de su audiencia y abordelas directamente en su comunicación.

- **Evaluación posterior a la crisis** : después de la crisis, evalúe el desempeño de su respuesta, identifique las lecciones aprendidas y ajuste su plan de gestión de crisis según sea necesario.

CASOS PRÁCTICOS

- **Gestión de la reputación online** : Monitorear y responder a las críticas negativas en las redes sociales de manera profesional y constructiva, mostrando compromiso de mejora.

- **Retiradas de productos** : en caso de retirada, comunicarse de forma proactiva con los consumidores afectados, ofreciendo soluciones claras y compensaciones cuando corresponda.

Navegar una crisis requiere preparación, transparencia y comunicación efectiva. Con estas estrategias en la mano, estará mejor equipado para manejar situaciones difíciles y al mismo tiempo mantener la confianza de su audiencia. En el próximo capítulo, "**TENDENCIAS FUTURAS EN CONTENIDOS DIGITALES**", miraremos hacia el horizonte y exploraremos cómo mantenernos a la vanguardia en un mundo digital en constante evolución, anticipando tendencias y preparando su estrategia de contenido para el futuro.

Prepárese para embarcarse en un viaje hacia el futuro del contenido digital, donde la innovación y la adaptación continua serán sus mejores herramientas para un éxito y crecimiento continuos. Quédese con nosotros mientras exploramos lo que depara el futuro para el mundo digital.

TENDENCIAS FUTURAS EN CONTENIDOS DIGITALES

A medida que el mundo digital continúa evolucionando rápidamente, mantenerse actualizado con las últimas tendencias es crucial para garantizar que su estrategia de contenido siga siendo relevante y efectiva. Este capítulo explora las tendencias emergentes en contenido digital y ofrece información sobre cómo prepararse para cambios futuros, garantizando que su marca o mensaje continúe resonando en su audiencia.

INTELIGENCIA ARTIFICIAL Y APRENDIZAJE MÁQUINA

La IA y el aprendizaje automático están transformando la forma en que creamos y personalizamos contenido. Estas tecnologías permiten analizar grandes volúmenes de datos para comprender mejor las preferencias de la audiencia, optimizar la entrega de contenidos e incluso generar contenidos automatizados que se adapten a las necesidades de los usuarios.

REALIDAD AUMENTADA Y VIRTUAL

Como se mencionó anteriormente, la realidad aumentada y la realidad virtual están creando nuevas oportunidades para experiencias de contenido inmersivo. A medida que estas tecnologías se vuelvan más accesibles, se espera ver un aumento en su uso para contar historias, educar y promover productos de maneras innovadoras.

CONTENIDO INTERACTIVO

Los contenidos que permiten la interacción directa del usuario son cada vez más populares. Herramientas como cuestionarios, encuestas, calculadoras interactivas y juegos pueden aumentar la participación y, al mismo tiempo, brindar información valiosa sobre las preferencias y comportamientos de su audiencia.

VIDEO DE CORTA DURACIÓN Y FORMATOS VERTICALES

Influenciados por el éxito de plataformas como TikTok e Instagram Stories, los videos cortos y los formatos verticales se están consolidando como preferencias clave entre los consumidores de contenido, especialmente entre la generación más joven.

SOSTENIBILIDAD Y RESPONSABILIDAD SOCIAL

Como se analizó anteriormente, la sostenibilidad y la responsabilidad social seguirán siendo temas importantes. El contenido que demuestra el compromiso de su marca con estos temas puede fortalecer las conexiones con audiencias que valoran la ética y la acción ambiental.

PERSONALIZACIÓN A ESCALA

La expectativa de experiencias de contenido personalizadas está creciendo. El uso de datos y tecnología para crear contenido que satisfaga los intereses individuales de cada usuario, sin sacrificar la escala, será una tendencia clave.

PRIVACIDAD Y TRANSPARENCIA DE DATOS

A medida que aumenta la conciencia sobre la privacidad de los datos, las marcas deberán ser transparentes sobre cómo recopilan, utilizan y protegen la información de los usuarios, equilibrando la personalización con la privacidad.

PREPARARSE PARA EL FUTURO

- **Sigue aprendiendo** : Mantente informado sobre las últimas tendencias y tecnologías a través de la educación y la experimentación continua.

- **Flexibilidad y adaptación** : Esté preparado para adaptar su estrategia a medida que evoluciona el panorama digital, experimentando con nuevas ideas y formatos.

- **Escuche a su audiencia** : utilice comentarios y análisis de datos para comprender las preferencias cambiantes de su audiencia y ajuste su contenido en consecuencia.

A medida que exploramos las tendencias futuras en contenido digital, es crucial mirar hacia el futuro con una mentalidad de innovación y adaptación. En el próximo y último capítulo, **"MONETIZACIÓN DEL CONTENIDO"**, cubriremos estrategias para transformar su contenido digital en una fuente viable de ingresos, asegurando la sostenibilidad a largo plazo de sus iniciativas de contenido.

Prepárese para descubrir cómo maximizar el retorno de su inversión en contenido digital, equilibrando la creatividad, el compromiso y la viabilidad económica. Avance con nosotros mientras completamos nuestro viaje a través de las facetas de la estrategia de contenido digital.

MONETIZACIÓN DEL CONTENIDO

A medida que desarrollamos e implementamos estrategias de contenido digital, una consideración crucial es cómo este contenido puede no solo atraer y hacer crecer nuestra audiencia, sino también contribuir a la sostenibilidad financiera de nuestras iniciativas. En este capítulo final, exploraremos varias estrategias de monetización de contenido, ofreciendo información sobre cómo convertir su contenido en una fuente viable de ingresos.

ESTRATEGIAS DE MONETIZACIÓN DE CONTENIDOS

- **Publicidad y patrocinios** : Integrar publicidad paga en tu contenido u obtener patrocinios de marcas relacionadas son formas directas de monetización. La clave es mantener la relevancia e integridad del contenido eligiendo socios que agreguen valor a su audiencia.

- **Suscripciones y contenido premium** : ofrecer una suscripción paga para acceder a contenido exclusivo o premium puede generar ingresos recurrentes, especialmente si ya ha establecido un alto valor percibido en su contenido gratuito.

– **Vender productos o servicios** : Utilice su contenido como plataforma para promocionar y vender productos o servicios relacionados. Esto puede incluir todo, desde productos de marca hasta cursos y consultorías en línea.

- **Afiliados** : gane comisiones promocionando productos o servicios de terceros que sean relevantes para su audiencia. La transparencia es crucial, así que asegúrese de revelar las relaciones con los afiliados.

- **Crowdfunding y apoyo directo** : Plataformas como Patreon permiten a los creadores recibir apoyo financiero directo de su audiencia, a cambio de acceso a contenido exclusivo y otras recompensas.

- **Licencia de contenido** : si creas contenido original y de alta calidad, otra empresa puede estar interesada en licenciarlo para sus propios usos, generando una fuente adicional de ingresos.

CONSIDERACIONES PARA UNA MONETIZACIÓN EFECTIVA

- **Valor para la audiencia** : Independientemente de la estrategia de monetización elegida, es fundamental que ofrezca valor adicional a tu audiencia y no comprometa la calidad o integridad de tu contenido.

- **Diversificación** : No dependas de una única fuente de ingresos. Diversificar sus estrategias de monetización puede ayudar a minimizar el riesgo y maximizar el potencial de ingresos.

- **Transparencia** : Sea transparente con su audiencia sobre cómo se monetiza su contenido. La confianza es un componente crucial de la relación con el público.

- **Adaptación y experimentación** : prepárate para experimentar y adaptar tus estrategias de monetización en función de los comentarios de la audiencia y el desempeño financiero.

Con las estrategias adecuadas, el contenido digital no sólo es una herramienta poderosa para atraer y hacer crecer a su audiencia, sino también una fuente viable de ingresos. A medida que completamos nuestro viaje a través de las múltiples facetas de la estrategia de contenido digital, esperamos que ahora esté equipado con el conocimiento y las herramientas necesarias no solo para crear contenido significativo, sino también para sostener sus iniciativas financieramente.

Recordamos que el éxito en la monetización del contenido digital, como ocurre con todos los aspectos de la estrategia de contenido, requiere pasión, perseverancia y voluntad de aprender y adaptarse continuamente. Avanza con confianza, sabiendo que cada contenido que creas contribuye no solo al crecimiento de tu marca o mensaje, sino también a una conexión más profunda con aquellos a quienes tu trabajo pretende servir.

Esté preparado para navegar por el futuro del contenido digital, aprovechando las oportunidades y desafíos que se avecinan. Gracias por acompañarnos en este viaje de exploración y descubrimiento del arte y la ciencia del contenido digital.

CONSIDERACIONES FINALES

Completamos el recorrido detallado por el universo de la estrategia de contenidos digitales, abarcando desde la producción y distribución de contenidos hasta las técnicas de monetización. Este camino está diseñado para brindarle una comprensión integral de cómo crear, promover y monetizar contenido en un entorno digital en constante cambio.

Ahora, de cara al futuro, te animamos a seguir explorando, aprendiendo y adaptándote. El mundo digital nunca deja de evolucionar y mantenerse actualizado con las últimas tendencias, tecnologías y prácticas es crucial para un éxito continuo.

CONTINUANDO EL VIAJE

- **Manténgase informado** : Manténgase al tanto de las últimas tendencias en tecnología digital, marketing de contenidos y comportamiento del consumidor. Las fuentes confiables y los líderes de opinión de la industria pueden ser recursos invaluables.

- **Experimenta** : no tengas miedo de probar nuevas ideas, formatos o plataformas. La experimentación es clave para descubrir qué resuena con su audiencia.

- **Escuche a su audiencia** : utilice comentarios y datos de participación para ajustar y perfeccionar continuamente su estrategia. Siempre prevalecerá un enfoque centrado en el usuario.

- **Educación continua** : considere cursos, seminarios web y otras oportunidades de aprendizaje para mejorar sus habilidades y conocimientos en áreas de interés específicas.

- **Colaboración** : manténgase abierto a asociaciones y colaboraciones que puedan enriquecer su contenido y ampliar su alcance.

Esperamos que este viaje haya sido informativo e inspirador, brindándole las herramientas y el conocimiento que necesita para avanzar con confianza con sus propias estrategias de contenido digital. Recuerde, el camino hacia el éxito es continuo y siempre está en evolución. Con pasión, creatividad y dedicación, puede construir una presencia digital sólida y significativa que no solo llegue a su audiencia, sino que realmente la atraiga e inspire.

Gracias por acompañarnos en esta exploración integral de la estrategia de contenido digital. Estamos emocionados de ver adónde lo llevará su viaje y cómo utilizará lo que aprenda para crear, compartir y prosperar en el mundo digital. Sigue explorando, creando e innovando: el futuro del contenido digital es brillante y te espera.

CONSIDERACIONES FINALES Y PASOS FUTUROS

A medida que avanza, aquí hay algunas pautas para mantener su contenido relevante y su estrategia de marketing efectiva:

- **Innovación continua** : El mundo digital cambia constantemente y periódicamente surgen nuevas tecnologías y plataformas. Manténgase innovador experimentando con nuevas ideas y adaptándose al cambio.

- **Comentarios e iteración** : utilice los comentarios de su audiencia para mejorar continuamente su contenido. La iteración basada en análisis detallados y respuestas de la audiencia puede ayudarlo a perfeccionar su enfoque y satisfacer mejor las necesidades de su audiencia.

- **Educación y desarrollo profesional** : Apuesta por la educación continua en el área del marketing digital y la creación de contenidos. Los seminarios web, los cursos en línea, las conferencias y las lecturas actualizadas son formas excelentes de mantener sus habilidades actualizadas y su estrategia.

- **Red y comunidad** : construir y mantener una red de profesionales en el campo puede proporcionar información valiosa, oportunidades de colaboración y apoyo. Participe activamente en comunidades en línea, grupos de discusión y eventos de la industria.

- **Sostenibilidad y responsabilidad** : a medida que evolucione su estrategia de contenidos, continúe enfatizando la importancia de la sostenibilidad y la responsabilidad social en su comunicación. Esto no sólo refuerza la reputación de su marca, sino que también contribuye positivamente a la sociedad y al medio ambiente.

Este manual fue creado para servir como guía a través del complejo y dinámico mundo del marketing de contenidos digitales. Gracias por acompañarnos en este viaje de aprendizaje. Esperamos que las estrategias, ideas y mejores prácticas analizadas aquí lo inspiren a crear contenido impactante, construir relaciones significativas con su audiencia y lograr con éxito sus objetivos de marketing.

El futuro del contenido digital es brillante y está lleno de posibilidades. Con las herramientas adecuadas, un enfoque estratégico y una dosis de creatividad, estará bien posicionado para ser parte de este apasionante futuro. Avanza con confianza, explorando nuevas ideas, aceptando el cambio y creando contenido que resuene, eduque e inspire. El siguiente capítulo en su viaje de marketing de contenidos comienza ahora y usted lo escribirá.

Al pasar juntos la página final de este viaje, espero sinceramente que los aprendizajes compartidos aquí hayan tocado su corazón y hayan generado nuevas perspectivas. Si este libro le ha aportado algún valor, le pido que se tome unos minutos para dejar una reseña en Amazon. Tus palabras no sólo me ayudan a crecer y perfeccionar mi oficio, sino que también guían a otros lectores en su búsqueda de conocimiento e inspiración. Tu opinión es un regalo valioso, tanto para mí como para la comunidad de lectores que buscan historias que transformen. Sinceramente les agradezco por compartir este viaje conmigo y espero que podamos volver a encontrarnos en las páginas de una nueva aventura.

REGINALDO OSNILDO

Hola, soy Reginaldo Osnildo, autor e innovador en las áreas de ventas, tecnología y estrategias de comunicación. Mi experiencia abarca desde el ámbito académico, como profesor e investigador de la Universidad del Sur de Santa Catarina, hasta ejercer como estratega en el Grupo Catarinense de Rádios. Con un doctorado en narrativas de ventas y convergencia digital, y una maestría en narración de historias e imaginario social, ofrezco a mis lectores una fusión única de teoría y práctica. Mi objetivo es aportar conocimientos en un lenguaje sencillo, práctico y didáctico, fomentando su aplicación directa en la vida personal y profesional.

Tuyo sinceramente

Reginaldo Osnildo

+55 48 991913865

reginaldoosnildo@gmail.com

www.ingramcontent.com/pod-product-compliance
Lightning Source LLC
Chambersburg PA
CBHW070422240526
45472CB00020B/1148